www.ingramcontent.com/pod-product-compliance
Lightning Source LLC
LaVergne TN
LVHW021240080526
838199LV00088B/5432
* 9 7 8 9 3 5 8 7 2 7 8 4 5 *

اسرار جامعی کا فنِ مزاح نگاری

مرتب:
ادارہ شگوفہ

© Taemeer Publications LLC

Asrar Jamayee ka Fun-e-Mizah Nigari

Edited by: Idara Shugoofa

Edition: December '2023

Publisher :

Taemeer Publications LLC (Michigan, USA / Hyderabad, India)

ISBN 978-93-5872-784-5

مصنف یاناشر کی پیشگی اجازت کے بغیر اس کتاب کا کوئی بھی حصہ کسی بھی شکل میں بشمول ویب سائٹ پر
اَپ لوڈنگ کے لیے استعمال نہ کیا جائے۔ نیز اس کتاب پر کسی بھی قسم کے تنازع کو نمٹانے کا اختیار
صرف حیدرآباد (تلنگانہ) کی عدلیہ کو ہو گا۔

© تعمیر پبلی کیشنز

کتاب	:	**اسرار جامعی کا فنِ مزاح نگاری**
مصنف	:	**ادارہ شگوفہ**
صنف	:	طنز و مزاح
ناشر	:	تعمیر پبلی کیشنز (حیدرآباد، انڈیا)
سالِ اشاعت	:	۲۰۲۳ء
تعداد	:	(پرنٹ آن ڈیمانڈ)
صفحات	:	۲۴
سرورق ڈیزائن	:	تعمیر ویب ڈیزائن

فہرست

	پیش لفظ		6
(۱)	اسرار کے اڑیں گے پرزے	منظور عثمانی	7
(۲)	جناب اسرار جامعی	پروفیسر محمد حسن	12
(۳)	آئین جواں مرداں	سید حامد	14
(۴)	انتخاب کلام	اسرار جامعی	17
(۵)	غزل پیمائی	اسرار جامعی	21
(۶)	بن بلائے...	اسرار جامعی	22

پیش لفظ

بے شک اردو ادب کا دامن طنز و مزاح کے اعلیٰ نمونوں سے بھرا ہوا ہے مگر دور حاضر میں اسرار جامعی کی تخلیقات نے اسے وسیع تر کیا ہے۔ طنز و مزاح کے شعری میدان میں ان کا کارنامہ قابل قدر ہے۔ ان کے کلام طنز و مزاح میں محض ہنسی اور قہقہوں کی کھنک ہی نہیں ہے بلکہ اس میں انسانی زندگی کی اونچ نیچ پر بھی نگاہ ڈالی گئی ہے۔

اسرار جامعی نہ دقیانوسی ہیں اور نہ ماضی پرست بلکہ ان کے یہاں طنز و مزاح کا تانا بانا فکر و احساس کی تازہ کاری سے بُنا جاتا ہے اور جب کبھی دائرے میں کوئی بے تکا پن دکھائی دیتا ہے تو وہ اسے جوں کا توں پیش کر دیتے ہیں۔ طنز و مزاح کا کمال ہی یہ ہے کہ وہ آئینے کی طرح صاف و شفاف ہو اور اس مزاحیہ منظر سے لطف اٹھانے کے لئے ہلکے سے اشارے کی ضرورت ہو تو وہاں کسی تبصرے کی گنجائش ہی نہ ہو۔ اکبر الہ آبادی کی طرح انہیں لفظوں کی خلاقانہ تحریف پر قدرت حاصل ہے، ایک حرف ادھر سے ادھر کیا اور طنز و تعریض کا مقصد پورا کر لیا۔ پھر محاوروں پر وہ دسترس ہے کہ ان کے استعمال میں ذرا سی نادرہ کاری کر کے وہ تبسم نا آشنا ہونٹوں پر بھی مسکراہٹ بکھیر دیتے ہیں۔

زیر نظر کتاب دراصل طنز و مزاح کے معروف و مقبول قدیم ترین رسالہ "شگوفہ" (حیدر آباد، انڈیا) کے ایک شمارہ سے منتخب شدہ نظم و نثر کے ایک انتخاب پر مشتمل ہے۔

منظور عثمانی
نئی دہلی

اسرار کے اڑیں گے پرزے

اسرار کی جامعہ ملیہ سے ملن یا مجامعت چار سال رہی وہ بھی تعلیم کے ابتدائی دور میں لیکن اپنے نام کے ساتھ جامعہ کا پن چھلا ایسا لگایا کہ اسرار کم اور جامعی زیادہ ہو کر رہ گئے ۔ باقی گریجویشن تک بھائی نے جھارکھنڈ میں ہی تعلیم پائی لیکن جھارکھنڈیت سر پیٹتی رہتی ہے کہ میاں جامعہ سے تو تمہاری نسبت بہت بہت دور کی ہے وہ تو اپنی لگی سگی اور ہم اتنے پرائے ۔ پر توبہ کیجئے جو خود کو جامعی کہنا چھوڑ دے ۔ اس غریب پر پیر تسمہ پا کی طرح چڑھی کاٹھے ہے ۔ ظالم اسے گھر کی لونڈی کی طرح استعمال کرتا رہتا ہے اٹھتے بیٹھتے ۔ یہی نہیں اس سے بھی بڑا غصب یہ کیا کہ تخلص بھی 'جامعی' رکھ چھوڑا ہے تاکہ سند رہے ۔ وہ تو شکر ہے لیجے کا لٹکا پکار پکار کر اعلان کرتا بلکہ چغلی کھاتا رہتا ہے کہ میاں جی ، کا آبائی تعلق بہار شریف سے ہے ۔

تخلص کا استعمال ویسے تو ہر شاعر نے کیا ہے لیکن جس سرعت سے نزول اسرار کے یہاں ہوتا ہے اس کی دوسری مثال کسی دوسرے کے یہاں نہیں ملتی ۔ دوسرے اس کا استعمال غزل کے آخر میں یعنی مقطعے میں کرتے ہیں تو حضرت تقریباً ہر شعر میں ۔ شعری نزاکتوں کے سبب اگر 'جامعی' فٹ نہ بیٹھتا ہو تو 'اسرار' سرکا دیتے ہیں ۔ دو تخلصیے جو ہیں ۔

اسرار اپنے منہ 'جامعی ، ضرور ہیں ۔ لیکن ان کے کسی انداز میں جامعیت کا شائبہ نہیں ، عجیب بکھرے بکھرے منتشر سے انسان ہیں ، زندگی میں ، نظم نام کو بھی نہیں ۔ اسی لیے شائد نظم کہنے سے عموماً پرہیز بھی کرتے ہیں سارا زور قطعہ پر ہے ۔ نظم اور غزل سے تو تقریباً قطع تعلق سا ہے ۔ اصل مدار قطعہ سے ہی رہتا ہے وہ بھی ذرا سے پرزہ پر درج ۔ پرزہ (بلکہ پرزی) بھی اتنا جتنا عطار سفوف چٹکی یا کشتہ باندھنے کے لیے استعمال کرتا ہے ۔

اسرار شاعر اور بلا شبہ بڑے پائے کے شاعر ہیں ۔ شعر کہنا ان کے لیے اتنا ہی ضروری ہے جتنا ہما شما کے لیے سانس لینا ۔ جورو نہ جاتا بس شاعری سے ناتا ۔ اٹھتے بیٹھتے ، چلتے پھرتے شعر اور بس شعر ، غرض شعری اخراج ان کے یہاں اس کثرت سے ہوتا ہے جیسے ڈابر کی ہنگولی کا اوور ڈوز (over doze) لیے ہوئے ہوں ۔ ذرا آپ ٹیڑھے میڑھے چلے اور آپ نے قطعہ بند شعر داغا ۔ ہدف کتنا بھی ناک پکڑ پکڑ کر برابر منہ بنائے ان کی بلا سے ۔ چپکے سے شعر خارج کر کے آگے بڑھ جاتے ہیں ۔

اسرار جامعی صورت اور چہرے مہرے سے انتہائی بھولے بھالے سیدھے سادھے سے لگتے ہیں بالکل انا ہزارے جیسے ۔ ٹوپی ان جیسی اوڑھا دیں تو بالکل انا کے ٹنیٰ ۔ چال سے گربہ قدم ۔ شاعر گو طنز و مزاح کے ہیں پر کیا مجال انہیں کسی نے ہنستا پایا ہو ، بہت محظوظ ہوئے تو منہ کھول دیا ۔ ایسی پر اسرار ہنسی ہے اسرار کی ۔ آپ کی ہنسی کا ساز زندگی کے سمان بے آواز بجتا ہے ۔ ہنساتے ضرور ہیں ، پر خود پر ہنسنا حرام کیے ہوئے ہیں ۔ ایسا شخص دیکھا نہ سنا ۔ ہاں ان پر کوئی ہنسے تو اس کی انہیں پرواہ نہیں ، ایسے ملنگ کہ ہیں طنز و مزاح نگار پر خود ہنسی سے بے زار ۔

ازلی طور سے محروم النساء واقع ہوئے ہیں ، ماں کے بعد کسی اور کے سائے کو خود پر کبھی پڑنے نہیں دیا ۔ طبقۂ اناث سے اتنی بیزاری ۔ جوشؔ کے دوست رفیع احمد خاں مجرد رہے کسی نے ان سے دریافت کیا '' خان صاحب ! آپ نے شادی کیوں نہیں

کی؟'' ان کا جواب تھا '' میرے والد انتہائی شقی القلب انسان تھے۔ اس لیے میں نے تہیہ کر رکھا ہے کہ اس نسل کو آگے ہرگز نہیں جانے دوں گا''۔ شائد ایسا ہی کچھ اسرار اور ان کے چھوٹے بھائی کے ساتھ بھی تو نہیں۔ دونوں نے بیویاں نہیں کیں خیر اب تو کیا کریں گے جب کہ دونوں بیوہ کرنے کی عمر کو پہنچ چکے ہیں۔

حضرت ذکر زنان سے ایسے بے نیاز ہیں کہ اپنے اشعار تک میں بھی بھول کر ان کا ذکر نہیں فرماتے۔ علامہ اقبال لاکھ دعویٰ کرتے رہیں کہ' بے چاروں کے اعصاب پہ عورت ہے سوار' ہاشا پر چاہے نظریں ڈال لیں لیکن وجود'' زنان'' سے ایسے بے نیاز جیسے رہبران قوم حب الوطنی سے۔

فضول خرچی بلکہ خرچی، ان کو چھو بھی نہیں گئی۔ جامعہ ملیہ کے ہی کسی استاد کا ان کے بارے میں قول ہے کہ' اسرار پیسہ گوند کی طرح بہاتے ہیں' کہتے تو بڑھاپے کے بارے میں ہیں کہ:'' جو آکے نہ جائے وہ بڑھاپا دیکھا'' ہاں ایسا ہی کچھ اسرار کے یہاں پیسے کے معاملے میں ہے۔ ان کے یہاں پیسہ' جیب داستاں' کے لیے ہے، ٹکانے کے لیے نہیں۔

آپ پوچھیں گے کہ پھر ان کے کھانے پینے کا کیا اہتمام ہے تو صاحبان پینے کا تو بقول خود:

بیٹھ جاتا ہوں جہاں چائے بنی ہوتی ہے

رہا دانے دنکے کا تو کوئی ادبی محفل یا سیمینار ایسی نہیں جہاں حضرت پر نہ ماریں، دیر کا دعویٰ تو ہم نہ کریں گے پر اندھیر ان کے یہاں قطعی نہیں۔ باقی شادی بیاہوں میں بھی بن بلائے پہنچ جاتے ہیں انہیں سنکوچ نہیں۔ پورے ڈھیٹ ہو چکے ہیں اس معاملے میں۔ آپ نے ایک نظم بھی کہہ رکھی ہے اس سلسلے میں مفہوم کچھ یوں ہے کہ ایک بن بلائی دعوت میں میزبان لاعلمی کی بنا پر آپ کی موجودگی پر معترض ہوا تو آپ نے اس کا منہ یہ کہہ کر بند کیا کہ میرا تو کچھ نہیں بگڑے گا۔ دوسری شادی میں ہاتھوں ہاتھ لیا جاؤں گا۔ آپ ہی اس خبر سے محروم رہ جائیں گے کہ آپ کی شاندار پارٹی میں اسرار جامعی جیسا شہرہ آفاق شاعر بھی تشریف لائے تھے۔ ادبی اجتماعوں میں تو لنچ کرنا ان کا آبائی حق ہے۔ دعوت نامہ کی قید نہیں۔ بس بھنک پڑنی چاہئے حضرت ......کی طرح حاضر۔

صورت شکل سے عامیانہ سے انسان ہیں۔ رہی سہی کسر آپ کے لاابالی اور پھوہڑ پن نے پوری کردی۔ پہننے اوڑھنے کے معاملے میں انتہائی لاپرواہ، دیکھ ریکھ کا خانہ ان کے یہاں ہے نہیں۔ سپڑ سپڑ دلی ناپا کرتے ہیں۔ سلیقے سے انہیں اللہ واسطے کا بیر ہے۔ جتنا زور خود کو بگاڑنے پر ہے اس سے آدھا بھی سنوارنے پر کرتے تو آج کہیں کے کہیں ہوتے۔ اب یہی دیکھیں کہ آپ ایک رسالے' پوسٹ مارٹم' کے چیف ایڈیٹر ہیں لیکن چیف، کے بجائے خود کو' چیپ' لکھنا پسند کرتے ہیں۔ وہ تو غنیمت ہے کہ نام اور تخلص کے ساتھ چھیڑ چھاڑ نہیں کی ورنہ ان سے کیا بعید تھا کہ اپنے جیسا اول جلول سا تخلص بھی اختیار کر لیتے۔ مختصر یہ کہ میاں میں پنپنے کی کوئی بات بھی تو نہیں، نہ زنانے میں اور نہ ہی' زمانے' میں۔۔

اسرار بنیادی طور سے ایک انتہائی زودحس انسان ہیں۔ بھونڈے پن سے انہیں چڑ ہے۔ احتیاط، یا موقع بے موقع کا بھی احساس نہیں۔ بخشتے کسی کو ہے نہیں۔ حق بات کہنے سے انہیں کوئی مائی کا لال باز نہیں رکھ سکتا ہے۔ کہیں گے اور برملا کہیں گے چاہے انہیں کتنا بھی بڑا نقصان نہ سہنا پڑے۔ منصور کی طرح سر ہتھیلی پر لیے پھرتے ہیں۔ شاہی دور میں ہوتے تو کب کا سر قلم کرا چکے ہوتے۔ آپ کے اضافی ڈنک کی نیش زنی سے خدا ہر ایک کو محفوظ رکھے۔ ڈالڈا ادیب تو اسرار سے ایسے خائف رہتے ہیں، جیسے مودی سرکار راجیہ سبھا سے۔ کسی ادبی محفل میں جہاں حضرت نمودار ہوئے سنسنی سی پھیل جاتی ہے، کہ نامعلوم کس کی شامت آگئی ہے۔ آپ کا رویہ بھی بڑا پراسرار ہوتا ہے چپکے سے پیچھے کی قطار میں آ بیٹھتے ہیں۔ جیب سے پرزہ نکالا جسے لیٹر بم سے تعبیر کیا جاتا ہے۔ اس پر اپنے ہدف کی ایسی تیسی کی اور اسٹیج کے نیچے کھڑے ہو کر صاحب صدر یا ناظم جلسہ کو تھما دیا۔ ایک

ایسی ہی 'حرکت نازیبا' (منتظمین کی نظروں) آپ نے تب فرمائی جب سابق بہار چیف منسٹر جناب چندر شیکھر کے زمانہ میں بہار اردو گھر کے افتتاح پر سب وزیر اعلیٰ اور وزیر تعلیم ناگیندر جھا کی تعریف میں زمین آسمان کے قلابے ملائے جارہے تھے۔کوئی جھوٹے منہ سے بھی ڈاکٹر جگن مشرا کا نام نہیں لے رہا تھا، جنھوں نے اپنے دور میں اردو گھر کی منظوری دی تھی۔ اسرار نے جھٹ ایک نظم تخلیق کی اور پرچی وزیر تعلیم کو تھمادی اور وزیر موصوف نے اناؤنسر ریاض عظیم آبادی کو تھمادی۔ اسرار اسٹیج پر آئے اور یوں شروع کیا۔

ڈاکٹر مشرا کی آنکھوں میں جو رقصاں خواب تھے
بس انھی خوابوں کی اک تعبیر ہے اردو بھون

گلوں سے ہار چھنتے دیکھ کر بلبلانا تو تھا ہی، نتیجتاً اتنا ہنگامہ ہوا کہ آپ بلیک لسٹیڈ (black listed) قرار پائے اور جامعی کو اپنی آخری پناہ گاہ جامعہ آکر منہ چھپانا پڑا۔

ایذا رسانی پر آپ کا ایمان راسخ ہے، چھوڑتے کسی کو نہیں۔ کلیم عاجز کے معرکتہ الآراء شعر کا حلیہ یوں بگاڑا۔

اپنا تو کام ہے کہ جلاتے چلو کلیم
رستے میں خواہ دوست کا دشمن کا گھر ملے

تنقید نگاروں پر نشانہ سادھتے ہوئے فرمایا:

اک روز کہا میں نے کسی اہل نظر سے
تنقید تو کرتے ہیں تخلیق بھی کرتے
وہ آئے قریب اور مرے کان میں بولے
تخلیق میں کرتا نہیں تنقید کے ڈر سے

معصوم مرادآبادی کو یوں لتھیڑا:

رہتے کہاں ہیں حضرات معصوم ان دنوں
کہتے ہیں لوگ وہ تو ہمیشہ خبر میں ہیں
میں نے کہا کہ آپ کو اس کی خبر نہیں
لکشمی ہی کی تلاش میں لکشمی نگر میں ہیں

ایک تقریب میں قاضی عبدالودود کی کسی بات پر کان نہ دھرتے ہوئے پروفیسر کلیم الدین کو پایا تو قطعہ داغ مارا:

مغرب سے مستعار لی تنقید اس لیے
اپنے عظیم باپ سے بڑھ کر عظیم ہیں
پوچھو کوئی سوال تو دیتے نہیں جواب
اسرار صرف نام کے حضرت کلیم ہیں

پروفیسر وہاب اشرفی نے سیدھے بھاؤ اپنی تصنیفات کا حجم اپنے وزن سے زیادہ فرمادیا تو غریب کو اس طرح ہلکا کر ڈالا کہ اشرفی صاحب اپنی کتابوں سے بھی ہلکے ہوئے ہیں۔ جناب اختر الواسع پاکستان سے کسی سیمینار میں شرکت کر کے لوٹے تو آپ نے فرمایا'' واسع صاحب پاک ہو کر لوٹ آئے ہیں''۔ شمس الرحمان فاروقی کو پوسٹ مین شمس شب خونی لکھ دیا۔ انجمن ترقی اردو کی نسبت سے خلیق انجم کے بارے میں یوں گل افشانی کی کہ مولوی عبدالحق اردو کے پدر تھے تو خلیق انجم اردو کے پسر ہیں۔ مختصر یہ کہ ان کے نیش قلم سے کسی کو راحت نہیں پہنچی۔ اندھے کی لاٹھی کی طرح ان کا قلم سدا چلتا رہتا ہے۔ ان کی بلا سے کسی کا سر پھوٹے کہ آنکھ کیوں کہ

میرا پیغام محبت ہے جہاں تک پہنچے

جہاں تک تحریفات کی بات ہے تو ان کا حریف بھی ان کے اس کمالِ لازوال سے منحرف نہیں ہوسکتا۔ محسوس ہوتا ہے کہ کوئی فیکٹری ہے جو اوور ٹائم چلتی رہتی ہے جس میں ایسے ایسے نایاب پیس (pieces) ڈھلتے رہتے ہیں کہ واہ واہ۔ مثلاً '' نکاح مرد مومن'' سے بدل جاتی ہیں تقدیریں'

'بیٹھ جاتا ہوں جہاں چائے بنی ہوئی ہے'

تحریف:

ہم جھانک بھی لیتے ہیں تو ہو جاتے ہیں بدنام
وہ جھونک بھی دیتے ہیں تو چرچا نہیں ہوتا

حفیظ بنارسی کا شعر ہے:

اللہ رے حفیظ کا یہ ذوق خود آرائی
جب زلف سنواری ہے اک آئینہ ٹوٹا ہے

تحریف:

اللہ رے حفیظن کا یہ ذوق خود آرائی

جب زلف سنواری ہے اک آئینہ ٹوٹا ہے

مصرع ہے:

سلطانیِ جمہور کا آتا ہے زمانہ

تحریف: عریانیِ مستور کا آتا ہے زمانہ

اے طائرِ لاہوتی

تحریف: اے شاعرِ لاہوتی

بے نیازی حد سے گذری بندہ پرور کب تلک۔ ہم کہیں گے حالِ دل اور آپ فرمائیں گے کیا؟

تحریف: دادا گیری حد سے گزری بندہ پرور کب تلک

ایک مسجد تو گرادی اور گروائیں گے کیا؟

بنا کر فقیروں کا ہم بھیس غالب

تماشائے اہلِ کرم دیکھتے ہیں

تحریف:

بنا کر مدیروں کا ہم بھیس غالب

تماشائے اہلِ رقم دیکھتے ہیں

زندگی نام ہے مر مر کے جئے جانے کا

تحریف: زندگی نام ہے بڑھ بڑھ کے پئے جانے کا

اسی انداز کی نہ جانے کتنی تحریفیں ہیں جو آپ کے قلم بے بہار سے نکلتی رہتی ہیں۔۔

اسرار نے لاکھوں شعر کہے ہوں گے لیکن اس جامعی کے مجموعے صرف دو ہیں: شاعر اعظم اور طنز پارے اور یہ بھی انتہائی مختصر، سارا کلام پرزوں کی شکل میں اڑادیا۔ غالب کے پرزے تو اڑنے سے رہ گئے تھے اور ان کے حریفوں کے ارمان دل میں رہ گئے تھے لیکن اس لاابالی نے تو خود اپنے ہاتھوں ہی زیادہ تر کلام پرزوں میں اڑادیا۔ پرزوں کی ترسیل کا انداز بھی اپنے علامہ، کا بڑا نرالا ہے۔ رندوں کی چلو کی طرح ہاتھ پھیلایا۔ اس پر دھری پرچی آگے بڑھادی۔ انداز کشکول کا سا ہوتا ہے کہ اگر کوئی اللہ کا نیک بندہ از رہ ترحم کچھ ڈال دے تو انکار تو دور کی بات یہ الٹا ڈھیر ساری دعاؤں سے نواز دیں۔

منصور کی طرح اسرار کو انا الحق کا نعرہ لگادینے کا شوق ہے۔ ظالم نے وہاں وہاں اذانیں دی ہیں جہاں اس سرکشی کی قیمت یا دار و رسن یا خواری تھی لیکن اسے جرات کا انعام ہی کہیں گے کہ وہاں بھی اسے سرخروئی ہی حاصل ہوئی مثلاً راجیو گاندھی نے اپنی ہجو کے جواب میں بجائے عتاب کے تین دن انہیں مہمان رکھا۔ نرسمہا راؤ کو اپنے رسالے پوسٹ مارٹم کی کاپی پیش فرمادی جس میں راؤ صاحب کی کھوپڑی کو دو کراس ہڈیوں کے بیچ دکھایا گیا تھا۔ (جس طرح سے ہائی پاور الیکٹرک انسٹالیشن کے پاس بنا ہوتا ہے۔ نیچے طنز و مزاح آمیز جملے بھی لکھے ہوئے تھے۔ لیکن راؤ صاحب نے اسی کارٹون کو لے کر خندہ وشاداں شاعر کے ساتھ فوٹو بھی کھچوایا۔ وزیر داخلہ ایس بی چوان کی افطار پارٹی میں انہوں نے بھائی چارہ پر زور دیا تو وہیں اسرار نے یہ قطعہ پڑھ دیا کہ:

کیا پتے بات کہہ دی جامعی اسرار نے

کیوں سمجھتے آرہے ہیں لوگ بے چارہ ہمیں

بھائی چارہ کا مطلب اب نہ ہونا چاہیے

ہم تو ان کو بھائی سمجھیں اور وہ چارہ ہمیں

چاروں طرف چھائے سناٹے کے بیچ آپ نے اپنی معرکتہ الآرا نظم ''ٹاڈا میں بند کردو'' بھی داغ دی۔ (یاد رہے کہ ان دنوں 'ٹاڈا' کے تحت بے دھڑک گرفتاریاں ہورہی تھیں) مجبوراً چوان صاحب کو دبی آواز سے کہنا پڑا ''ہاں ٹاڈا کا غلط استعمال ہورہا ہے۔ موصوف کا یہ بیان کئی اخباروں کی زینت بنا۔

ٹاڈا کے ختم ہونے پر راؤ صاحب نے دلی کے اخباروں کے ایڈیٹروں کو ڈنر دیا تو اسرار کے تعارف پر وزیر اعظم بولے ہاں میں انہیں جانتا ہوں' یہ تو میرا بھی پوسٹ مارٹم کیا کرتے ہیں' پھر اسرار سے مخاطب ہوکر بولے' اب تو آپ خوش ہیں' اس پر بھی آپ نے برجستہ جڑ دیا:

چھپوا رہے ہیں خبریں کچھ لوگ پیپروں میں

ٹاڈا کا بل جو بدلا کوشش مری رہی ہے
سن کر یہ خود ستائی اسرار ہنسی کے بولے
ہاں بل بدل گیا ہے پر سانپ تو وہی ہے

بلا شبہ اسرار بڑے شاعر ہیں لیکن اسے کیا کہیں کہ وہ اپنے انداز و بیان سے بھی خود کو ہلکا بنانے پر تلے ہوئے ہیں۔ظرافت نگاروں کے تو یوں ہی لوگ پیچھے پڑے رہتے ہیں بقول مشتاق احمد یوسفی کہ مزاح نگاروں کے سروں پر Fools cap چسپاں کردی گئی ہے۔اس پر اگر اسرار خود کو بصد اصرار 'چیپ' کہلائے جانے پر مصر ہوں تو سوائے اس کے اور کیا کہا جا سکتا ہے کہ خود کردہ را علاجے نیست' یا پھر ان کی بات پر صاد کرتے ہوئے انہیں واقعتاً چیپ مان لیا جائے تو بھلے آدمی کو کون سمجھائے کہ اکبر سے لے ضمیر جعفری، ضیا الحق قاسمی، ساغر خیامی تو خود کو ڈاؤن گریڈ کر کے تو بڑے نہیں بنے، کہ میاں اسرار کو اس کی ضرورت آپڑی۔ بڑے فن سے بنتے ہیں۔اوندھے سیدھے القابات سے نہیں۔اسرار بڑے باپ کے بیٹے تھے، بڑی دولت کے مالک بڑے وسائل اور رتبے کے حامل تھے، بڑے فنکار تو بلا شبہ ہیں ہی اس پر بھی کفران نعمت۔ سچ کہیں خود کو اپنے ہاتھوں ملیا میٹ کرتے پا کر بہت افسوس ہوتا ہے۔اسرار جامعی کی خود ساختہ بے سروسامانی کو دیکھتے ہوئے بے ساختہ دل سے دعا نکلتی ہے کہ اس کا حشر پہلے اسرار الحق (مجاز) کا سا نہ ہو۔۔ ☆......O

پروفیسر محمد حسن

جناب اسرآر جامعی

جناب اسرآر جامعی نہایت پرآشوب دور میں سراپا آشوب ہیں، پیرائیہ اظہار ہے طنز ومزاح، وہ بھی شعر میں۔ صورت سے نہایت مسکین اور اپنے اشعار میں نہایت جری۔ جہاں کہیں ناہمواری، ظلم زیادتی، بے رحمی اور بے وقعتی پائی وہیں سینہ سپر، قلم کو تلوار اور لفظوں کو تیر وتبر کی طرح برتنے کا فن انہیں آتا ہے تو ناہمواری، ظلم اور منافقت پر، مگر اس جلن سے بھی وہ درگندھ نہیں سگندھ فراہم کرتے ہیں اور لفظوں میں احساس کے زخموں کو پھول اور ستارے بناتے ہیں۔

اکبر الہ آبادی کی طرح انہیں لفظوں کی خلاقانہ تحریف پر قدرت ہے۔ ایک حرف ادھر سے اُدھر کیا اور طنز وتعریض کا مقصد پورا کرلیا پھر محاوروں پر وہ قدرت ہے کہ ان کے استعمال میں ذرا سی نادرہ کاری کر کے وطلسم ناآشنا ہونٹوں پر بھی مسکراہٹ بکھیر دیتے ہیں۔

مزے کی بات یہ ہے کہ وہ دقیانوسی ہیں نہ ماضی پرست اور ان دونوں کے بغیر ہمارے ادب میں طنز ومزاح کا چراغ بہت کم روشن ہوا ہے۔ اسرار جامعی کے یہاں طنز ومزاح کا تانا بانا فکر و احساس کی تازہ کاری سے بنا جاتا ہے اور جب کبھی اس دائرے میں کوئی بے تکا پن دکھائی دیتا ہے تو وہ اسے جوں کا توں پیش کردیتے ہیں۔ طنز ومزاح کا کمال ہی یہ ہے کہ وہ آئینے کی طرح صاف اور شفاف ہو اور اس مزاحیہ منظر سے لطف اٹھانے کے لیے ہلکے سے اشارے کی ضرورت ہوتو ہو، کسی تبصرے کی گنجائش ہی نہ ہو۔

بے شک اردو ادب کا دامن طنز ومزاح کے اعلیٰ نمونوں سے بھرا ہوا ہے۔ مگر دور حاضر میں اسرار جامعی کی تخلیقات نے اسے وسیع تر کیا ہے، ادھر طنز ومزاح کی تمام تر توجہ نثر کی طرف ہوگئی تھی اسے پھر سے نظم کا پیرایہ بخشنے کے سلسلے میں ان کا کارنامہ قابل قدر ہے۔ ان کے طنز ومزاح میں محض ہنسی اور قہقہوں کی کھنک ہی نہیں ہے انسانی زندگی کی اونچ نیچ پر بھی نگاہ ہے۔

طنز ومزاح نہایت نازک صنف ہے اسرار جامعی نے اسے پوری نزاکت اور لطافت کے ساتھ برتا ہے۔ ان کے ہر شعر پر ان کے اپنے دور کی معاشرت کی اور اس کی ناہمواری کی مہریں ثبت ہیں اور اسی کے ساتھ ان کی اپنی سلاست طبع ان ناہمواریوں پر نشان لگاتی جاتی ہے مگر اس طرح کہ اس کی ساری ناگواریوں کی تلخی محض خندہ زیرلب بن کر رہ جاتی ہے۔ دور حاضر میں جو خلا پیدا ہوا تھا اسے اسرار جامعی کی شاعری نے پر کیا ہے اور اس انداز سے پر کیا ہے کہ اس میں رشید احمد صدیقی اور مشتاق احمد یوسفی کے نثری طنز ومزاح کی طرفگی اور نادرہ کاری جابجا در آئی ہے۔ اس لحاظ سے اس خشک اور بے ہنگم دور میں اسرار جامعی کا کلام تازہ ہوا کے جھونکے کی طرح فرحت بخش ہے۔ اسرار جامعی بلامحابا اپنے اردگرد کی مضحک تصویریں کھینچتے چلے جاتے ہیں۔ ان کے پہلو کچھ اس طرح اجاگر کرتے ہیں کہ ان پر ہنسی آتی ہے لیکن ان کا انداز مذاق اڑانے کا نہیں ہوتا بلکہ ان کے پیچھے جلوہ گر حقیقتوں کی دھوپ چھاؤں دکھانے کا ہوتا ہے۔ وہ بڑی چابک دستی سے اردو کے باکمال شاعروں کے اسالیب اور اشعار کا چربہ اتارتے ہیں اور سودا سے لے کر اقبال تک کے سبھی سخن وروں سے فیض یاب ہوتے ہیں اور انہیں کے کلام کے رنگ و آہنگ

سے نئے مضامین پیدا کرتے ہیں مگر کمال یہ ہے کہ ان کے کلام کو اس طرح اپناتے ہیں کہ خود اصل شاعر بھی دعویٰ کرے تو قابل قبول معلوم نہ ہو۔

اسرار جامعی کی شاعری زبان کے ادراک اور تفہیم کی طرف راغب کرتی ہے۔ وہ چھوٹے چھوٹے ذومعنی الفاظ سے نت نئے مضامین پیدا کرتے ہیں اور اکثر مطالب کے اسی دوہرے پن کو مزاح سے ابھارتے ہیں (مثلاً اسم اعظم اور یاد کے آخری مصرعے) ان کی نظموں میں ایک قدرتی ارتقا اور ربط ملتا ہے۔ ہر نظم گویا ایک نقطۂ عروج کی طرح رواں ہے اور آخری مصرعے تک پہنچتے پہنچتے بھرپور طنز و مزاح کا پہلو پیش کرتی ہے۔

اکثر مزاح نگار شاعروں کا جادو شاعری کے بیانیہ انداز سے کمزور ہو جاتا ہے، واقعہ نگاری ایک الگ فن ہے اور واقعہ نگاری کے ذریعے طنز و مزاح پیدا کرنا ابتدائی مرحلہ ہے، یہی ابتدائی منازل آگے چل کر اس منزل تک بھی پہنچتی ہیں کہ واقعہ کے بجائے محض الفاظ کی بندش یا اُلٹ پھیر سے مزاح پیدا کیا جاتا ہے یا اس سے آگے چل کر مزاح کا رشتہ محض تصورات سے اس طرح جڑ جاتا ہے کہ واقعہ اور لفظ دونوں مرکزی حیثیت کھو بیٹھتے ہیں۔

اسرار جامعی کی شاعری میں یہ سبھی منزلیں صاف دکھائی دیتی ہیں اور ہر منزل میں انہوں نے اپنی حس مزاح کو نہ صرف قائم رکھا ہے بلکہ اس کے اظہار کے نت نئے طریقے اور اسلوب نکالے ہیں۔ مجھے امید ہے کہ ان کا یہ مجموعہ کلام ہاتھوں ہاتھ لیا جائے گا اور اس کے وسیلے سے اردو کے طنزیہ اور مزاحیہ ادب میں خاطر خواہ اضافہ ہوگا۔

(مجموعۂ کلام ''طنز پارے'' سے لیا گیا)

☆......○......☆

سید حامد

آئین جواں مرداں

ذرا اندازہ تو کیجئے کہ یہ کون ہوسکتا ہے؟ اور ہو بھی کون سکتا ہے؟ پی۔ ایم، سی ایم، ڈی ایم یا پھر ہر وہ شخص جسے اپنے کچھ ہونے کا گمان ہوتا ہے۔ بہ الفاظ دیگر وزیر اعظم کی قربت کے متلاشی وزیروں کی جماعت اور گمنام وزارتوں کے اوسط درجے کے افسران، مزید برآں فارغ البال دھناّ سیٹھ، شیریں گفتار اور خوبرو افراد کے پرے اوران سب کے تعاقب میں پریس کے وہ نمائندے جن کے چہرے مانگے کے اجالے سے روشن ہوتے ہیں۔

نہیں! یہ مرنجان مرنج، وضع دار منکسر المزاج نحیف ونزار چھوٹی موٹی شخصیت کوئی اور نہیں، اردو کے جوہر شناس شاعر اسرار جامعی ہیں جنہیں وزیر اعظم اوران کے وزیروں کی اَنا کے حد سے زیادہ پھولے ہوئے غباروں کو پنکچر کرنے میں مہارت تامّہ حاصل ہے۔

جب کوئی محفل اپنے شباب پر ہوتی ہے اور ہر شخص مہمان خصوصی جو کبھی وزیر اعظم کبھی وزیر داخلہ یا کسی صوبہ کا وزیر اعلی ہوتا ہے کی خوشامد اور چاپلوسی میں لگا ہوتا ہے بس اسی لمحہ موصوف خاموشی سے داخل ہوتے ہیں اور شمع محفل کی صورت میں جلوہ گر معبود ارضی کی جھوٹی شان اور بے جا غرور کے غباروں کی ہوا نکال دیتے ہیں۔

صف اول کے اس طنز نگار نے ایک بار وزیر اعظم راجیو گاندھی کو ہدف طنز بنایا اور ان کی شان میں ہجو لکھ دی، مقامی اور انتہائی مقامی نیتا گروں نے دھمکیاں دیں کہ جلد ہی موصوف زینت زنداں ہوں گے لیکن عجب ثم عجب کہ معاملہ بالکل برعکس ہوا۔ راجیو جی نے نہرو خاندان کی روایات کے عین مطابق جامعی کو دہلی بلایا تین دنوں تک اپنا مہمان رکھا اور ان سے وہی نظم کئی بار سنی۔ ہوا یہ کہ ۱۹۸۸ء میں بہار میں زلزلہ آیا تو اس وقت کے وزیر اعظم شری راجیو گاندھی نے ہیلی کاپٹر سے علاقہ کا دورہ کرنے کے بعد یہ بیان دیا کہ یہ زلزلہ اتنا سیریس نہیں تھا جتنا کہ میڈیا نے چرچا کر دیا ہے۔ پوری نظم یہ تھی:

پرائم منسٹر کا ہے یہ بیاں
کہ جس زلزلے کا ہے چرچا یہاں
مکانات جس میں بہت سے گرے
بہت لوگ ملبے میں دب کر مرے
مگر وہ نہ تھا اس قدر سیریس
پریس نے کہا جس قدر سیریس
خبر جب ملی اس کو اخبار سے
کہا سن کے چپکے سے اسرار نے
ذرا یہ بتاتے حضور آپ بھی
کہاں رہ گئی اور اس میں کمی
کہ گرنا تھا کتنے مکانات کو
کہ آنا تھا اور کتنی آفات کو
کھنڈر کتنے ہوتے ہیں کہ نگر
ہلی کاپٹر سے جو آتے نظر
کہ کتنوں کو ہونا تھا زخمی یہاں
کہ کتنوں کو ہونا تھا یہاں نیم جاں
کہ مرنا تھا اور کتنے افراد کو
تو آتے حضور ان کی امداد کو

کیا ٹارگیٹ ہے حضور آپ کا
کہ ہو جسٹی فائیڈ یہ ٹور آپ کا

اسرار جامعی نے وزیر اعظم چندر شیکھر اور وی پی سنگھ کو بھی نہیں بخشا، لیکن جب انہوں نے موجودہ وزیر اعظم کو اپنا نشانہ بنایا تو لوگوں کو خدشہ تھا کہ یہ حضرت اس بار نہ بچ سکیں گے کیوں کہ نرسمہا راؤ کی مستقل چڑھی ہوئی تیوری سے ظاہر ہوتا ہے کہ وہ حس مزاح سے عاری ہیں، خدشات اس بار بھی حقیقت کا جامہ نہ پہن سکے۔۔

اسرار جامعی سولہ صفحات پر مشتمل ایک اسم بامسمی رسالہ پوسٹ مارٹم کے نام سے شائع کرتے ہیں۔ ان کا کہنا ہے کہ ڈاکٹر مردوں کا پوسٹ مارٹم کرتے ہیں، میں زندوں کا......

حال ہی میں انہوں نے وزیر اعظم کو پوسٹ مارٹم کی ایک کاپی پیش کی جس کے صفحہ اول پر خطرے کے تنبیہی نشان کی طرح کا ایک کارٹون تھا جس میں وزیر اعظم نرسمہا راؤ کی کھوپڑی کو دو کراس ہڈیوں کے درمیان دکھایا گیا تھا (جس طرح ہائی پاور الکٹرک انسٹالیشن کے پاس بنا ہوتا ہے)۔ جس کے نیچے چند طنز و مزاح آفریں جملے بھی لکھے ہوئے تھے۔۔

شاعر ممدوح خراماں خراماں وہاں تشریف لائے جہاں وزیر اعظم اپنی تمام جلوہ سامانیوں کے ساتھ رونق بزم تھے۔ راؤ جی نے ایک نظر اپنے کارٹون پر ڈالی اور دفعتاً ان کے چہرے پر وہی اجنبی مسکراہٹ پھیل گئی جو کلنٹن کے لیے مختص ہے، مزے کی بات تو یہ ہے کہ انہوں نے پوسٹ مارٹم کی وہی کاپی لے کر خنداں و شاداں شاعر کے ساتھ تصویر بھی کھنچوائی۔

اسرار جامعی کا سب سے بڑا کارنامہ ماہ رمضان میں منصۂ شہود پر آیا جب وزیر داخلہ ایس بی چوان کی افطار پارٹی جو ۳ مارچ ۱۹۹۴ء کو ملی کاونسل نے کی تھی۔ ہر شخص ان کی تملق پیشگی میں گلے گلے ڈوبا ہوا تھا جس سے خوش ہو کر انہوں نے فرمایا کہ اس وقت دیش کو سب سے زیادہ بھائی چارے کی ضرورت ہے۔ تو صورت سے یتیم دکھائی دینے والے مخنی شاعر خاموشی سے وزیر موصوف کی کرسی تک جا پہنچے اور غیر معمولی طور پر زوردار آواز میں بولے۔ ''جناب عالی! آپ وزیر داخلہ ہیں، پولیس، فورس کی کشتی کے ناخدا، قانون اور نظم کے آقائے نامدار، میں ایک مظلوم اردو شاعر ہوں، ایک فریادی بن کر آیا ہوں آپ کو میری فریاد سننی پڑے گی! یہ آپ کی ڈیوٹی ہے!!

یہ کہنا تھا کہ سارے تنخواہ دار ملازم اس گستاخی پر پیچ و تاب کھانے لگے اور کانگریسی سیاست دانوں کے غیر تنخواہ دار طفیلی حاضر باش حیرت سے یہ منظر دیکھنے لگے۔ وزیر داخلہ نے کڑک دار آواز میں کہا۔ ہاں! ہاں! کہئے! وہ اور کہہ بھی کیا سکتے تھے۔ کیا ٹاڈا کے تحت گرفتار کرنے کا حکم صادر فرماتے؟ جامعی نے ایک قطعہ بعنوان بھائی چارہ پڑھا

کیا پتے کی بات کہہ دی جامعی اسرار نے
کیوں سمجھتے آ رہے ہیں لوگ بے چارا ہمیں
بھائی چارے کا یہ مطلب اب نہ ہونا چاہئے
ہم تو ان کو بھائی سمجھیں اور وہ چارہ ہمیں

جان محفل چوان صاحب نیز حاضرین پر ایسا سکتہ طاری ہوا گویا سب کو سانپ سونگھ گیا ہو۔ اُن کی چھٹی حس بتا رہی تھی کہ اب جو کچھ پڑھا جائے گا وہ اور بھی حواس باختہ کرنے والا ہوگا۔ میری فریاد سنئے! کہتے ہوئے ایک طویل نظم 'ٹاڈا' پڑھی۔ جس کے چند اشعار قیامت خیز تھے

قانون کالا آیا ٹاڈا میں بند کردو
سرکار نے بنایا ٹاڈا میں بند کر دو
خفیہ پولیس کی بیوی شوہر سے کہہ رہی تھی
مرغا یہ کیوں نہ لایا ٹاڈا میں بند کر دو
جب ہم پولس کے ڈر سے اک بم پلس میں بھاگے
داروغہ ٹرٹرایا ٹاڈا میں بند کر دو
کل شام وہ ہماری بیوی کو دیکھتے ہی
دھیرے سے مسکرایا ڈاٹا میں بند کردو

اسرار جامعی کا فنِ مزاح نگاری 16 ادارہ شگوفہ

وہ سر جھکائے دیکھو جو شخص جا رہا ہے
اک بم کہیں چھپایا ٹاڈا میں بند کر دو
یہ دل میں سوچتا ہے دلّی کو میں اڑادوں
اک شخص نے بتایا ٹاڈا میں بند کر دو
اک بم بلاسٹ کرنے کی دل میں اس نے ٹھانی
کشمیر سے ہے آیا ٹاڈا میں بند کر دو
ممکن ہے آر ڈی ایکس سے بم بلاسٹ کر کے
سب کا کرے صفایا ٹاڈا میں بند کر دو
پی ایم سے لے کر سی ایم ، سی ایم لے کے ڈی ایم
ہر ایک نے بتایا ٹاڈا میں بند کر دو
بوڑھا ہو یا کہ بچہ بخشو نہیں کسی کو
قانون کا ہے سایا ٹاڈا میں بند کر دو
گر موچھوں والا کوئی پکڑائے تو نہ پکڑو
گر ڈاڑھی والا آیا ٹاڈا میں بند کردو
جب لوگ سو رہے تھے اک فون اس کے گھر پر
ہے ' دوبئ ' سے آیا ٹاڈا میں بند کردو
' احمد ' ہو نام جن کا ان سب کو جا کے پکڑو
' داؤد ' ہوگا تایا ٹاڈا میں بند کردو
مسجد گرائی جس نے اس کو کبھی نہ پکڑو
نعرہ یہ کیوں لگایا ٹاڈا میں بند کردو
چشتیؒ کے اس چمن میں اُس ' رام ' کے وطن میں
' راون ' کا راج آیا ٹاڈا میں بند کردو
طنز و مزاح کے شاعر اسرار جامؔعی نے
طنزاً یہ گیت گایا ٹاڈا میں بند کردو

(ٹاڈا کے خلاف یہ سب سے پہلی آواز تھی جو وزیر داخلہ کے سامنے بلند کی گئی) کچھ پریشان ، کچھ ، کچھ چڑچڑائے اور کچھ لطف اندوز ! چوان جی بولے ہاں ! ٹاڈا کا غلط استعمال ہورہا ہے میں اس کی تحقیقات کروں گا ۔

اگلی صبح ہندی روزنامہ ' جن ستا دہلی ' اور دوسرے اخبارات نے لکھا کہ طنز و مزاح کے شاعر اسرار جامعی نے وزیر داخلہ ایس بی چوان کو ٹاڈا کے خلاف ایک نظم سنائی جس کے جواب میں انہوں نے ٹاڈا کے غلط استعمال کی بات مان لی ! آفریں ، اسرار جامؔعی صد آفریں !!

آئین جواں مرداں ، حق گوئی و بے باکی......

بہ شکریہ دی نیشن اینڈ دی ورلڈ دہلی ۱۳ ، انگریزی سے ترجمہ ۔

پس نوشت : ۱۹۹۵ء میں ٹاڈا قانون ختم ہونے کے بعد وزیر اعظم شری نرسمہا راؤ نے اظہار خوشی میں پرائم منسٹر ہاوس ، دہلی میں اخباروں کے مدیروں کو ڈنر دیا ۔ جناب م افضل (مدیر اخبار نو) تعارف کروا رہے تھے ۔

اسرار جامعی کا تعارف کراتے ہوئے کہا کہ یہ اسرار جامعی ایڈیٹر پوسٹ مارٹم ہیں تو راؤ جی نے کہا کہ ہاں ہاں یہ تو میرا بھی پوسٹ مارٹم کیا کرتے ہیں ۔ پھر اسرار جامعی سے پوچھا کہ ٹاڈا کا بل بدلنے سے آپ کو خوشی ہوئی ؟ تو اسرار جامعی نے برجستہ یہ قطعہ سنا دیا جسے انگریزی ، ہندی اور اردو کے اخباروں نے کارٹون کے ساتھ شائع کیا ۔۔

چھپوا رہے ہیں خبریں کچھ لوگ پیپروں میں
ٹاڈا کا بل جو بدلا کوشش مری رہی ہے
سن کر یہ خود ستائی اسرار ہنس کے بولے
ہاں ! بل بدل گیا ہے پر سانپ تو وہی ہے

☆......○......☆

انتخاب کلام ۔ اسرار جامعی

حسیناؤں کو مشورہ

حسینو ! اگر تم کو ہے پاس عزت
تو سن لو ! سناتا ہوں شاعر کی فطرت
نہ مانو گی میری تو پھوٹے گی قسمت
رہے گی مقدر میں ذِلت ہی ذِلّت
جو اسرار کہتا ہے وہ مان لو تم
یہ کیسے فریبی ہیں یہ جان لو تم

یہ زلفوں کی چھاؤں گھنی چاہتے ہیں
یہ پلکوں کی چلمن تنی چاہتے ہیں
یہ ہوٹوں کی ہر دم 'ہَنی' چاہتے ہیں
یہ نازک بدن کندنی چاہتے ہیں
تخیل میں گنگ و جمن دیکھتے ہیں
حسینوں کا کومل بدن چاہتے ہیں

در و بام پر ان کی رہتی نظر ہے
اِدھر ہے جولٹ پٹ تو گٹ پٹ اُدھر ہے
ہے ان کی جبیں اور حسینوں کا در ہے
کہاں جوتے چپل کا ان پر اثر ہے
یہ رُسوا بھی کر کے چہیتے رہے ہیں
حسینوں پہ مرمر کے جیتے رہے ہیں

جہاں مل گئی ان کو کوئی حسینہ
تو آیا جبیں پر ہوس کا پسینہ
سمجھ لو کہ اچھا نہیں ہے قرینہ
خدا ہی بچائے اب ان کا سفینہ
یہ غیروں کی بیوی پہ ڈالیں کمندیں
وہ چپل بھی ماریں تو یہ جان وتن دیں

کسی سے یہ کہتے ہیں نازک کلی ہو
مرے دل کی رانی ہو ، نازوں پلی ہو
مری آرزوؤں کی روشن گلی ہو
وہیں ہیں بہاریں جہاں تم چلی ہو
یہ سب چاپلوسی کی باتیں بنا کر
انہیں رام کرتے ہیں ٹسوے بہا کر

دل و ذہن کے یہ بڑے ہی فتوری
حسینوں کے آگے کریں جی حضوری
مگر اُن کو کافر بھی کہنا ضروری
عجب ذات ان کی نہ ناری نہ نوری
سنا کر محبت کا جھوٹا فسانہ
یہ بلبل پھنسانے کو رکھتے ہیں دانہ

سدا اُن کی تخیّل 'جعلی' رہی ہے
ہمیشہ سے جیب ان کی خالی رہی ہے
خودی ان کو ہر دم سوالی رہی ہے
ہر اک بات اُن کی نرالی رہی ہے
تمہاری اداؤں پہ بس جان دیں گے
لگے گی اگر بھوک تو پان دیں گے

یہ شاعر ہیں ! شادی کے قائل نہیں ہیں
یہ عاشق ہیں دل ان کے گھائل نہیں ہیں
یہ مجنوں ہیں لیلا پہ مائل نہیں ہیں
یہ گھڑیاں ہیں وہ جن کے ڈائل نہیں ہیں
حسینوں کی ہر دَم بناتے ہیں درگت
ازل سے ہی ہے چلبلی ان کی فطرت

بڑھاپے میں چکنی ڈلی ڈھونڈتے ہیں
چمن میں یہ نورس کلی ڈھونڈتے ہیں
یہ مورت کوئی من چلی ڈھونڈتے ہیں
حسینوں کی ہر دم گلی ڈھونڈتے ہیں
لگاتے ہیں اس طرح گلیوں کا چکر
کہ پیڑوں پہ جیسے اچھلتے ہیں بندر

یہ مکڑے ہیں خود ، ان کے اشعار جالے
وہ مکڑا جو مکھی کو جھٹ سے پھنسا لے
' ہنی ' چوس لے اور کچومر نکالے
کرے بعد اُن کو خدا کے حوالے
یہی حال ان کا ہمیشہ رہا ہے
یہی ان کا دیرینہ پیشہ رہا ہے

یہ شرم و حیا کو جفا مانتے ہیں
جفا کو یہ حسن و ادا مانتے ہیں
یہ زلفوں کو کالی گھٹا مانتے ہیں
فلک کو یہ اُلٹا توا مانتے ہیں
جو سمجھایئے تو بگڑ جائیں گے یہ
ندامت کے بدلے اُکھڑ جائیں گے یہ

یہ کرتے نہیں کچھ کماتے نہیں ہیں
یہ خود کھاتو لیں گے کھلاتے نہیں ہیں
یہ بچوں کو اپنے پڑھاتے نہیں ہیں
یہ کمروں کو اپنے سجاتے نہیں ہیں
صفائی کے در پر یہ جاتے نہیں ہیں
یہ شاعر مہینوں نہاتے نہیں ہیں

جو مہمان آئے کوئی ان کے گھر پر
تو یہ لے کے بیٹھیں گے شعروں کے دفتر
سنائیں گے اشعار پہلے تو گا کر
پلائیں گے تب چائے تیوری چڑھا کر
اُدھار آئے گی چائے خانوں سے وہ بھی
کہ رہتی ہے گھر میں نہ چینی نہ پتی

اگر تم کبھی ان کی بیگم بنو گی
کوئی بات ان سے مچل کر کہو گی
کہیں گے کہ مطلع غزل کا سنو گی
خدا کی قسم سر کو اپنے دھنو گی
سنا کر غزل بور کرتے رہیں گے
سنیں گے نہ کچھ شور کرتے رہیں گے

اڑاتے رہے ہیں یہ ذہنی غبارا
نہیں دال روٹی کا گرچہ سہارا
کسی رخ پہ تِل کا یہ کر کے نظارا
یہ بخشیں سمر قند و طوس و بخارا
بخارا کے مالک یہ آئے کہاں سے
ذرا کوئی پوچھے تو شاعر میاں سے

حسینو ! تمہیں مشورہ ہے ہمارا
لگاؤ نہ دل شاعروں سے خدارا
نہیں تو اٹھاتی رہو گی خسارا
یہ ہے عقل مندوں کو کافی اشارا
سدا مبتلا ہیں یہ ذہنی خلل میں
نہیں تال میل ان کے قول و عمل میں

انہیں دیکھ کر مسکراؤ نہ ہرگز
ندیدوں سے نظریں لڑاؤ نہ ہرگز
غزل ان کی تم گنگناؤ نہ ہرگز
کبھی ان کے جھانسے میں آؤ نہ ہرگز
یہ بھونرے ہیں کلیوں کا رس چوستے ہیں
گلوں کو بھی مثل مگس چوستے ہیں

حکومت اور خانہ داماد

اس حکومت نے بھی کیا کیا نہ قیامت ڈھائی
چور بازاری کی رونق پہ اداسی چھائی

ٹسکری بھول گئی اپنی ہوس پیمائی
فرقہ وارانہ سیاست کی ہوئی رسوائی

نفع خوروں کی بھی جو تو ند تھی تحلیل ہوئی
قلت اشیا کی فراوانی میں تبدیل ہوئی

ہوس زر سے 'کرپشن' کی جو رفتار تھی تیز
نظم اور ضبط سے کرتا تھا ہر اک شخص گریز

خوب چل نکلی تھی دوکان تلک اور جہیز
ہوا قانون مسائل سے جو سرگرم ستیز

رفتہ رفتہ ہوا زائل جو تھا ذہنوں کا فتور
رفتہ رفتہ ہوئی ہر ایک برائی کافور

اب بھی باقی تھی مگر ایک سماجی لعنت
جو جہیز اور تلک سے بھی بڑی تھی آفت

لڑکی والوں کی بنی رہتی تھی جس سے درگت
سانپ کے منہ میں چھچھوندر کی طرح تھی حالت

مفت خوروں کی نئی شکل میں خانہ داماد
کرتا رہتا تھا معیشت کو سسر کی برباد

متوجہ ہوئی اس سمت بھی چشم سرکار
تھا جو مقصود بدل جائے سماجی کردار

'کیبنٹ' میں ہوا اس مسئلے پر سوچ وچار
اور نافذ ہوا قانون یہ پھر تو اک بار

خانہ داماد نہ سسرال میں رہنے پائے
مفت خوروں کو ہر اک گھر سے نکالا جائے

پھر تو گھر گھر میں پولیس والوں نے چھاپے مارے
جوق در جوق گرفتار ہوئے بے چارے

سر جھکائے ہوئے سسرال سے نکلے سارے
عبرت آموز تھے رسوائی کے یہ نظارے

خانہ داماد سا ہوگا نہ ابھاگا کوئی
توڑ کر حلقہ زنجیر نہ بھاگا کوئی

اپنی قسمت سے تھے بے زار مکدر داماد
پا بہ جولاں جو چلے ڈیوڑھی سے باہر داماد

شرم رسوائی سے تھے سکتے میں تھے اکثر داماد
کہتے جاتے تھے یہی اشک بہا کر داماد

در و دیوار پہ حسرت سے نظر کرتے ہیں
خوش رہیں ساس سسر ہم تو سفر کرتے ہیں

اقبال

ہے بڑا سب سے بڑا شاعر کوئی
ان سے پوچھا تو یہ بولے جامعؔی
اپنے منہ سے میں بھلا کیسے کہوں
دوسرے نمبر پہ ہیں اقبال بھی

اکبر آبادی

اکبر نے کہا جو بھی بہت خوب ہے لیکن
اسرار یہ کہتا ہے کہ ایسا نہیں ہوتا
ہم جھانک بھی لیتے ہیں تو ہوجاتے ہیں بدنام
وہ جھونک بھی دیتے ہیں تو چرچا نہیں

ماہر اقبال

ان سے ملیے یہ ہیں نقاد و ادیب
ان کی سنیے ان کے جو اقوال ہیں
فکر سے اقبال کے واقف نہیں
پھر بھی حضرت ماہر اقبال ہیں

غیر کی زمین

گر غیر کی زمین پہ غزلیں کہیں گے آپ
اسرآر جب سنیں گے تو کھلی اڑائیں گے
ہوگی کبھی وہ آپ کی انصاف سے کہیں
گر غیر کی زمین پہ کوٹھی بنائیں گے

آزاد شاعری

آزاد شاعری بھی اک شاعری ہے بیشک
اسرآر ہنس کے بولے کیا بات کر رہے ہیں
پابند شاعری پر پابندیاں ہیں جن کے
آزاد شاعری وہ حضرات کر رہے ہیں

مسواک

وہ شاعرِ مزاح وہ اسرآر جامعی
کتنا ہوا شاطر و چالاک آج کل
مسواک لانے جاتے ہر روز وہ وہاں
کرتی ہے جس چمن میں وہ مس واک آج کل

مخلص

شاعر ادیب آپ سے جلتے ہیں کس لیے
پوچھا تو بولے جامعی مخلص ہیں سب مرے
جیسے کہ اک چراغ سے جلتے ہیں کچھ چراغ
شاعر ادیب مجھ سے بھی جلتے ہیں اس لیے

ترنم

گرچہ کہنے کی یہ نہیں لیکن
بات سچی میں اک کہوں تم سے
چونکہ شاعر ہوں اس لیے صاحب
میں تو روتا بھی ہوں ترنم سے

میٹھی زباں

اردو کا ایک آدمی جو آج کل ہے چپ
ایسا نہ سمجھیں اردو سے وہ بدگمان ہے

شوگر کا وہ مریض ہے پرہیز ہے اُسے
اردو کو لوگ کہتے ہیں میٹھی زبان ہے

مکاں

اردو جسے کہتے ہیں وہ اک ایسی زباں ہے
جس کا نہ وطن ہے نہ کوئی خاص مکاں ہے

جو گھر بھی نظر آئے کہیں نام سے اس کے
بزنس کا وہ اڈہ ہے سیاست کی دکاں ہے

مادری زبان

ایک اردو کے پروفیسر کا بیٹا جامعی
اپنی ماں کو خط لکھا کرتا تھا ہندی میں سدا

ایک دن پوچھا میاں اردو میں کیوں لکھتے نہیں
' آئی اردو ڈونٹ نو سر' فخر سے اس نے کہا

جب یہ پوچھا پڑھ لیا کرتی ہیں وہ دیوناگری
تن کے بولا مائی ممی ڈونٹ نو ' ہندی ذرا '

کس طرح معلوم ہوتا ہے انہیں مضمونِ خط
بولا خط پڑھ کر سنا دیتا ہے کوئی دوسرا

کس زباں میں ماں تمہیں دیتی ہیں اس خط کا جواب
'شی ہمیشہ رائٹ اِن اردو مجھے' اس نے کہا

کیسے پھر معلوم ہوتا ہے تمہیں مضمونِ خط
بولا مجھ کو بھی سنا دیتا ہے پڑھ کر دوسرا

غزل پیمائی

اسرار جامعی

شاعری کا گرم سارے ملک میں بازار ہے
جس کو دیکھو وہ قلم کاغذ لیے تیار ہے

تیز بے کاری کی جتنی آج کل رفتار ہے
بس اُسی درجہ فزوں غزلوں کی پیداوار ہے

ہر گلی کوچے میں ہے شعری نشستوں کی دکاں
ذہن کو بیدار رکھنے کا یہ کاروبار ہے

مبتدی ، استاد ، تک بندو عطائی جو بھی ہے
شعر سازی کے جنوں میں مست ہے سرشار ہے

ایک پیالی چائے رکھ کر دوستوں کے درمیاں
بے تکی بحثیں ہیں گھنٹوں بے سبب تکرار ہے

جو بھی شاعر ہے، اسے دیکھو گے ہفتوں قبل سے
بس ردیف و قافیہ سے برسرِ پیکار ہے

قافیے جتنے لغت میں مل سکے سب چن لیے
ان کو مصرعوں میں کھپایا اور غزل تیار ہے

مولوی حالؔی ہوں یا مسٹر کلیم الدین ہوں
ان کی نظروں میں غزل بے ربطیِ افکار ہے

پھر بھی اَن پڑھ لوگ ہوں یا ہوں ادب کے ڈاکٹر
جانے کیوں اِس شوخ چنچل سے سبھی کو پیار ہے

دورِ نو کا ہو سخن ور یا پرانی نسل کا
جس کو دیکھو محفلوں میں پس اسی کا یار ہے

یہ بھی اک دستور سا ہے ان نشستوں کے لیے
ہے مقرر ، سنیچر یا کوئی اتوار ہے

اک ادائے خاص سے اکڑے ہوئے بیٹھیں گے سب
جو بھی شاعر ہے بزعم خود بڑا فنکار ہے

شعر سننے سے زیادہ خود سنانے کے لیے
تشنج کی حالت میں کچھ بیتابیِ اظہار ہے

بانس پر چڑھنا اترنا جس طرح کا کام ہے
یہ غزل پیمائی بھی ویسا ہی شغل اسرآر ہے

اسرار جامعیؔ

بن بلائے ....

شہر میں شادی کی ہر تقریب میں جاتا ہوں میں
بن بلائے ڈٹ کے کھانا روز کھا آتا ہوں میں

ایک دن جب بعد کھانے کے وہاں پکڑا گیا
میزباں نے خوب ڈانٹا اور بگڑ کر یہ کہا

شرم سے تم ڈوب کر نالی میں مر جاتے نہیں
بن بلائے دعوتوں میں لوگ کھاتے ہیں کہیں

سن کے ان کی ڈانٹ میں نے یہ دیا تن کر جواب
میں نے آ کر آپ کی عزت بڑھائی ہے جناب

یہ مری 'ہابی' ہے حضرت آپ نے سمجھا ہے کیا
آج کل اس شہر میں ہے شادیوں کا سلسلہ

میں کہیں بھی گھس کے جا سکتا تھا کھانے کے لیے
آ گیا ہوں آپ کی عزت بڑھانے کے لیے

دیکھ لینا کل خبر اخبار میں یہ آئے گی
بعد مدت شاندار اسی شہر میں شادی ہوئی

کھانے پینے کا بہت اچھا کیا تھا انتظام
میزبانی کر رہے تھے بڑھ کے خود مسٹر نظام

اور لوگوں کے علاوہ وہ معزز شہر کے
جامعیؔ اسرار بھی تشریف اس میں لائے تھے

☆

منتخب انشائیوں کا ایک دلچسپ مجموعہ

تبسم اک چٹکی بھر

مرتبہ : ادارہ شگوفہ

بین الاقوامی ایڈیشن منظر عام پر آچکا ہے

منتخب انشائیوں کا ایک اور مجموعہ

کچھ کھٹے کچھ میٹھے انشائیے

مرتبہ : ادارہ شگوفہ

بین الاقوامی ایڈیشن منظر عام پر آچکا ہے